슬픔
끝에

빛이 머문다

슬픔 끝에 빛이 머문다

그리움의 시간

초 판 1쇄 2025년 11월 06일

지은이 현산
펴낸이 류종렬

펴낸곳 미다스북스
본부장 임종익
편집장 이다경, 김가영
디자인 윤가희, 임인영
책임진행 이예나, 김요섭, 안채원, 김은진, 국소리

등록 2001년 3월 21일 제2001-000040호
주소 서울시 마포구 양화로 133 서교타워 711호
전화 02) 322-7802~3
팩스 02) 6007-1845
블로그 http://blog.naver.com/midasbooks
전자주소 midasbooks@hanmail.net
페이스북 https://www.facebook.com/midasbooks425
인스타그램 https://www.instagram.com/midasbooks

ⓒ 현산, 미다스북스 2025, *Printed in Korea*.

ISBN 979-11-7355-570-1 03810

값 19,500원

미다스북스는 다음세대에게 필요한 지혜와 교양을 생각합니다.

그
리
움
의

시
간

슬픔
끝에

빛이 머문다

현산 지음

미다스북스

목
차

제2부 사랑, 타오르고 남은 불씨

제3부 그리움이 지나간 자리에서

그대, 내 안의 등불

제5부 길 위의 기도

계절이 바뀌는 순간, 낮이 밤으로 넘어가는 경계, 59초에서 00초로 바뀌는 찰나. 우리의 삶은 이런 작은 문턱들로 가득합니다. 봄꽃이 고개를 들고, 여름이 뜨겁게 타오르고, 가을 낙엽이 떨어지고, 겨울이 고요히 잠들 때, 그 모든 변화의 순간에 서서 삶의 작은 놀라움을 가슴에 담았습니다. 자연의 숨결 속에서 우리는 비로소 시간의 흐름을 느끼고, 변화를 받아들이는 법을 배웁니다.

제1부

계절의 문턱에서
배우는 인생

봄눈의 희망곡

하얀 봄눈이 내린다
기다리던 꽃잎 위에
잠시 머무는 축복

눈 속 새싹은
얼음보다 단단히 꿈을 품고
차가운 바람 속에서도
자라나는 법을 안다

겨울의 끝자락
봄의 첫 숨결이
하나의 노래가 된다

눈이 녹은 자리마다
희망의 잎이 돋아나고
그 빛은 내 마음에도 물든다

봄은 언제나 희망의 이름으로 돌아옵니다. 얼었던 마음이 녹아내릴 때, 우리는 다시 시작할 용기를 배웁니다. 눈과 햇살이 뒤섞이는 그 순간, 삶의 봄도 조용히 피어납니다.

경칩의 눈꺼풀

얼음 밑의 개구리,
가만히 눈을 뜬다

돌과 흙 사이를 헤치고
한 점의 온기가 피어난다

겨울의 심장에서도
봄은 쉬지 않았다

씨앗은 꿈틀거리고,
잠자던 뿌리들은
빛을 향해 팔을 뻗는다

그 미세한 존재의 깜빡임이
세상을 흔든다

그 작은 눈꺼풀 속에서
계절은 다시 태어난다

잠들었던 마음이 깨어나는 계절, 경칩은 새로운 시작의 신호입니다. 겨울의 끝자락에서 움트는 작은 생명은 말없이 우리에게 묻습니다. '당신의 내면에도 봄이 오고 있나요?'

목련 망울의 그리움

설백의 목련이
봄바람에 살짝 흔들린다

그리움이란
이토록 조심스러운 것

피지 못한 꽃망울처럼
내 가슴도 아직 닫혀 있다

첫사랑의 얼굴이 떠오르고,
그 미소는
오래된 빛처럼 남아 있다

손끝으로 닿을 수 없어도
기억은 여전히 향기로 남는다

봄이 올 때마다
나는 그 목련 앞에서 멈춘다

순백의 목련은 짧은 생을 불태우며 봄을 노래합니다. 그 하얀 빛 속에 담긴 건 설렘이자 이별의 예감입니다. 피어나기 위해 버텨 온 시간들이, 결국 우리 모두의 그리움입니다.

사월의 온도

사월의 빛이
잠들어 있던 잔가지들을 깨운다

비에 젖은 흙 위로
여러 겹의 초록이 올라온다

너를 떠올리면
미풍이 반걸음 먼저 앞서간다

기다림, 설렘, 두려움이
하루의 온도 속에 녹아든다

한 잎이 떨어지고
또 다른 꿈이 자란다

사월은 잊힌 감정을 깨우는 계절입니다. 봄바람이 스치면 지나간 추억도 다시 피어나고, 우리는 또 한 번 마음의 문을 엽니다.

신록(新綠)

햇살이 잎맥을 따라 번지고
나무는 온몸으로
초록의 무늬를 짠다

그물코마다
바람이 잠깐 깃든다

나는 그늘의 가장자리에서
처음 배우는 색을 오래 바라본다

연둣빛 신록은 생명의 고백입니다. 아무 말 없이 피어나는 그 초록의 기세는,
매 순간을 새롭게 살아가려는 자연의 다짐이기도 합니다.

비 오는 날의 수채화

잎새마다 고인 빗물,
하늘의 무게를 받아 안는다

가지 끝마다
투명한 울음이 맺히고,
바람결은 그것을
살짝 흔들어 위로한다

우산을 접은 사람들,
촉촉한 길 위를 걸으며
서로의 어깨에 비를 나눈다.

세상은 잠시
물빛으로 물든 그림

그 속에서
우리의 마음도 젖어든다

빗방울이 그려 내는 풍경 속엔 늘 따뜻한 여백이 있습니다. 마음의 먼지가 씻겨 내려가고, 기억은 물빛으로 번져 갑니다. 비 내리는 날은, 삶을 다시 물들이는 시간입니다.

제1부 계절의 문턱에서 배우는 인생

여름

태양이 내려앉자
아스팔트가 뜨겁게 숨을 토한다

가로수 그늘 아래
보이지 않는 열매가 익는다

먼 곳에서 불어온 바람
푸른 결 하나를 스친다

숨 가쁜 열기 속에서도
묵묵한 나무는 서 있다

뿌리는 더 깊이 물을 끌어 올리고
수액은 더디게 오른다

뜨거움은 지나가고,
그늘은 한 뼘 더 길어진다

서늘한 날을 기다리며

나무는 오늘도 열음을 더해 간다

여름은 열정과 쉼이 공존하는 계절입니다. 불볕 같은 하루 속에서도 우리는
미소를 배우고, 뜨거운 햇살 아래서 또 한 번 성장합니다.

무더위

한낮, 매미 울음이 현관까지 끓어오른다
부엌 타일에서 찬찬히 바람이 일어난다

선풍기 날개에 묻은 먼지가
원을 그리며 다시 돌아온다

식탁 위 얼음 두 조각
유리컵 벽을 투명하게 긁는다

땀에 젖은 티셔츠를 벗어 걸면
그늘이 먼저 마른다

참을 수 없는 무더위, 여름은 인내의 계절입니다. 그 속에서도 그늘은 길어졌습니다.

제1부 계절의 문턱에서 배우는 인생

찬란한 변주-열정에서 서정으로

매미의 노래가 잦아든다
해가 서쪽으로 기울고,
바람이 달라진다

귀뚜라미 한 마리의 소리,
그것이 계절의 신호다

뜨거운 숨결은 식어 가고,
대지 위엔 서늘한 빛이 내린다

시간은 열정과 서정 사이를 오가며
자신의 리듬을 완성한다

나는 그 사이에서
한숨처럼
노래처럼 서 있다

뜨겁게 살던 젊음이 어느새 부드러워집니다. 인생의 계절이 바뀌듯, 열정도
서정으로 물듭니다. 그것이 삶의 가장 아름다운 변주입니다.

귀뚜라미 협주곡

어둠이 내리면
풀잎마다 현이 켜진다

달빛 아래
작은 악사들이 모여든다

귀뚜라미 소리,
바람의 선율이 되어
밤을 울린다

나는 창가에 앉아
그 소리를 듣는다

침묵이 내 안에서 울리고,
그 울림이 마음을 밝힌다

작은 생명의 울림이 밤을 채웁니다. 귀뚤귀뚤, 그 소리 속엔 계절이 담겨 있고, 자연의 숨결이 음악처럼 번집니다.

가을님, 어서 오세요

에어컨을 끄고
창문을 연다

방충망을 스치는 바람이
손등을 먼저 식힌다

커튼 가장자리가
천천히 안쪽으로 들리고

창턱의 맥주잔은
금세 김을 거둔다

가로등 불빛이
조금 더 또렷해진다

골목 끝 은행잎이
발끝에 와서 간들거린다

그 바람 속에서

새 계절의 이름을 읽는다

가을은 기다림의 이름으로 찾아옵니다. 알록달록 물든 세상 속에서 우리는
한결 성숙해진 마음으로 하루를 맞이합니다.

가을 산책

운동장을 걷는다
햇살이 어깨를 덮고
산들바람이 귓가를 스친다

붉은 잎이 흔들리고
하늘은 투명하다

잠시 멈춰 선다
아무 일 없는 오후,
세상이 다 나를 안아주는 듯하다

작은 발자국마다
고즈넉함이 쌓인다

그 평화로움 속에
가을은 완성된다

낙엽 밟는 소리에도 인생의 속도가 담깁니다. 조용히 걷는 그 길 위에서 우리는 잃어버린 여유를 다시 발견합니다.

낙엽의 시간

선선한 바람이 공원을 쓸고 간다
노란 잎 하나 손바닥에 내려앉는다

가벼운 듯
묵직한 시간의 무게
스치는 공기 속에서
그대의 얼굴이 떠오른다

떠남도
머묾도
모두가 하나의 계절이었다

쓸고 또 쓸어도
다시 쌓이는 상념처럼,
가을은 그렇게
말없이 깊어 간다

떨어지는 건 끝이 아니라 순환입니다. 낙엽이 뿌리가 되듯, 이별은 또 다른 시작이 됩니다. 시간은 우리를 데려가면서도 다시 돌아오게 합니다.

한파의 노래

유리창에 서리가 핀다
입김마다 겨울이 내려앉는다

한기 속에서도
작은 새들은 모여 앉아
서로의 체온을 나눈다

눈송이 하나
어깨에 닿을 때,
그 하얀 침묵 속에
봄이 숨어 있는 듯하다

오늘의 추위가
내일의 꽃을 품고 있다

차가운 바람 속에서도 여전히 피어나는 따뜻함이 있습니다. 혹독한 계절은,
마음의 온도를 배우는 시간입니다.

겨울잠

그대는 긴 겨울 속에 잠든다
포근한 이불 아래
봄을 꿈꾸듯 고요하다

눈이 내리고,
세상은 천천히 식어간다

나는 창틀 옆에 앉아
그대의 쉼결을 지켜본다

잠은 휴식이자 준비,
멈춤은 다시 걷기 위한 예비

그대의 따뜻한 꿈 속에서
희망 한 줌이 자라난다

쉼은 게으름이 아니라 준비입니다. 겨울잠을 자는 생명처럼, 우리도 때로 멈
추어야 다시 나아갈 수 있습니다.

가로수의 겨울

잎이 다 떨어져도
나무는 서 있다

하늘이 가까워지고
차가운 바람은 뿌리까지 스민다

앙상한 가지 끝에서
보이지 않는 숨결이 느껴진다

꽃은 뿌리에서 시작되고,
긴 어둠 속에서 준비된다.
희망은 보이지 않는 곳에서 자란다

차가운 공기 속에서도
그대의 가슴 안에는
내일이 숨 쉬고 있다

잎을 다 떨군 나무는 비로소 하늘을 온전히 품습니다. 비워 낸 자리에서 삶의 깊이를 배웁니다.

제1부 계절의 문턱에서 배우는 인생

회색빛 하늘

구름이 낮게 깔린다
빛과 어둠이 섞인 하늘 아래
내 가슴도 흐릿하다

버스 창가에 앉아
비를 기다리는 구름을 본다

떨어질 듯 머뭇거리는 순간,
한 줄기 빛이 구름을 가른다

그 불빛 하나가
내 마음에도 닿는다

회색 속에서도
희망 하나가 스며든다

흐린 날에도 하늘은 여전히 존재합니다. 회색의 풍경 속에서 오히려 빛의 본
질을 봅니다. 어둠과 빛은 늘 함께였음을 깨닫습니다.

제1부 계절의 문턱에서 배우는 인생

안개 너머의 약속

앞이 보이지 않아도
걸음을 멈추지 않는다

안개 속 길 위에서
작은 새소리가 들린다

그 소리 하나에
희망이 깃든다

자욱한 길이 걷히면
햇살이 세상을 덮겠지

믿음은 방향 없는 곳에서도
길을 만든다

나는 오늘도 걸어간다
빛을 향해
천천히

안개는 길을 가리지만, 마음을 막지는 못합니다. 보이지 않아도, 믿음은 우리를 이끌어 줍니다.

다리 너머, 석양

강 위로 다리가 걸려 있다
시간이 그 위를 천천히 지난다

붉은빛 해가
안개 속으로 녹아들며
오늘의 끝을 물들인다

물결 위에 드리운 그림자,

그 속에 어제와 내일이 섞인다

다리는 아무 말도 하지 않는다

그저 이어질 뿐

나는 잠시,

멈춰 선다

다리를 건너며 바라본 석양은 늘 이별의 색입니다. 그러나 그 붉은 빛 속엔
감사가 있습니다. 오늘의 끝은 내일의 시작이기도 하니까요.

파도에게

너는 달려와 모래를 적시고
다시 멀어진다

젖은 발자국이
하나둘 사라질 때

남는 것은
발목 안쪽의 소금기

해가 낮아지면
파도는 더 느릿한 말로 돌아온다

파도는 닿고도 물러납니다. 지워진 발자국 뒤에 남는 소금기처럼, 떠난 것들
도 우리 안에 머뭅니다.

새벽 공기

차가운 공기가
폐를 맑게 하고,
잠든 생각들을 깨운다

별빛은 희미하지만
길을 잃지 않는다

한 걸음,
또 한 걸음,
새벽의 문턱을 건넌다

숨결마다
새로운 날이 태어난다

새벽의 공기에는 하루의 첫 온도가 담겨 있습니다. 그 투명한 시간 속에서 우리는 다시금 순수해집니다.

빗방울이 된 마음

구름이 짙어지고,
내 마음의 무게가 하늘로 번진다

결국 참지 못한 말들이
빗방울로 떨어진다

창문에 부딪히는 소리,
묵은 감정의 울림

젖은 길 위로
모든 후회가 흘러간다

비가 그친 뒤,
맑은 하늘이 남는다
마음도 그처럼 맑아진다

빗방울은 하늘의 눈물인가, 마음의 언어인가. 흩어지며 스며드는 그 모습에서
우리는 놓아주는 법을 배웁니다.

제1부 계절의 문턱에서 배우는 인생

순간의 문턱에서

59초와 00초 사이
초침이 잠시 스친다

낮이 밤으로 넘어가고
숨이 한번 바뀐다

거실 시계가 한 칸 밀리면
창밖 가로등이 먼저 고개를 든다

그 틈에 서서
사라지는 것들의 이름을 불러 본다

삶은 수많은 문턱으로 이루어져 있습니다. 멈춤과 출발의 경계에서, 우리는
또 한 번 느낍니다. 매 순간은 지나가지만, 그 안의 마음은 남습니다.

제1부 계절의 문턱에서 배우는 인생

사랑은 우리를 살게 합니다. 설레는 첫 만남부터 뜨거운 열정까지, 사랑의 모든 순간은 우리를 더 살아 있게 만듭니다. 말하지 못한 마음도, 속삭이는 고백도, 서로를 향한 그리움도 모두 사랑입니다. 때로는 부드럽게, 때로는 격렬하게 우리를 흔드는 그 감정 앞에서 솔직해지고 싶었습니다. 모든 질문의 답은 사랑이었습니다. 그 사랑의 다양한 얼굴들을 담았습니다.

제2부

사랑,
타오르고 남은 불씨

모든 질문에 대한 답

딸아이가 물었다
왜 꽃은 피고,
왜 구름은 떠다니며,
왜 달빛은 창가에 머무는지

나는 잠시 숨을 고르고
그 눈동자 속을 들여다보았다

꽃은 미소로 피어나고
구름은 마음의 상처를 덮으며
달빛은 잊힌 얼굴을 비춘다

모든 이유가 멀리 있지 않았다
우리의 숨
이 조용한 시간 속에도,
그 모든 답은 사랑이었다

세상의 까닭을 멀리서 찾지 않기로 했습니다. 아이의 눈동자와 우리의 숨결 안에서, 답은 이미 작게 빛나고 있었습니다.

제2부 사랑, 타오르고 남은 불씨

그대라는 선물

그대가 없었다면
나의 하늘은 얼마나 비어 있었을까

이름도 없이 스친 날들이
지금은 작은 별빛이 되어
내 삶을 비춘다

웃음이 번지던 시간,
눈물이 묻던 자리마다
빛의 흔적이 남았다

고맙다는 말,
너무 흔해 삼켰지만
오늘은 꼭 건네고 싶다

그대가 내게 준 건
단순한 시간이 아니라
살아갈 힘이었다는 것을

멀리 있어도

이 마음은 늘 곁에 남는다

세상에 수많은 만남이 있지만, 당신은 그중 하나의 기적이었습니다. 인연은
우연의 옷을 입고 오지만, 사랑은 운명처럼 마음에 남습니다.

우리의 실

보이지 않아도
우리는 같은 실로 이어져 있다

햇살 속 이슬처럼
빛을 머금고,
바람 속에서도 흔들리지 않는다

네가 웃을 땐
무지갯빛이 번지고,
그 떨림이 내 손 끝에 닿는다

때로는 엉키고,
풀리지 않아 아픈 날도 있지만
그 모든 순간이 우리를 단단히 묶는다

어둠 속에서도
별빛처럼 빛나는
소중한 인연

보이지 않는 실 하나가 우리를 이어 줍니다. 때로 엉키고, 때로 느슨해지지만 결국 그 끈이 우리를 다시 끌어당깁니다.

제2부 사랑, 타오르고 남은 불씨

그대

그대의 미소가 번질 때
창가의 햇살이 방향을 바꿨다

눈빛 속엔 은하수가 지나가고,
손끝이 스칠 때
시간이 잠시 멈췄다

그대의 목소리는
산들결에 묻은 노래,
귓가에 남은 여운처럼 일렁인다

설렘은 한 장의 꽃잎,
책갈피에 눌린 채 아직 붉은

그대를 떠올리면
심장은 다시 젊어지고,
세상은 한 번 더 시작된다

사랑의 이름은 단순하지만 그 무게는 깊습니다. 당신 한 사람으로 인해 세상이 다르게 보였던 순간, 그것이 내 인생의 봄이었습니다.

말하지 못한 사랑

그대를 보면
마음의 꽃잎이 흩어진다

잔바람이 볼을 스치면
이름 대신 향기가 지나간다

멀어질수록
빛은 더 또렷해지고,
나는 그 자리에 서 있다

고맙다는 말,
입술에 맺혀 사라진다

봄이 다시 오면
이 마음도 언젠가 피어나겠지

그윽한 향기로

사랑은 꼭 고백으로 완성되는 것은 아닙니다. 말하지 못한 채 마음에 묻어 둔 감정 또한 그 자체로 오래도록 빛을 냅니다.

고백

사랑한다는 말을
굳이 하지 않아도 알 것 같다

장미 한 다발이 아니라
버스 정류장,
잠시 멈춘 오후의 바람결에서

커피잔을 건네며
따뜻함이 전해질 때
그게 내 마음이다

화려하지 않아도 좋다
진심은 살포시 물드는 법

오늘도 당신 곁에서
작게 말한다

고맙습니다

고백은 용기의 다른 이름입니다. 두려움을 삼키고 내민 한마디가 사랑의 문을 여는 첫 열쇠가 됩니다.

제2부 사랑, 타오르고 남은 불씨

사랑의 속삭임

좋아한다고 말했지
그 말의 뜻을
너도 나도
헤아리지 못했다.

햇살이 벽을 타고 흐르던 오후,
귓가에 남은 그 한마디가
세상을 조금 더 밝게 했다

이유는 없었지만
그때의 공기는 따뜻했고,
시간은 잠시 멈춘 듯했다

지금 생각해 보면,
그 말은 의미보다 감정이었고
침묵보다 솔직한
한낮의 숨결

사랑은 큰 말이 아니라 작은 속삭임 속에 있습니다. 눈빛 하나, 손끝의 온기 하나가 그 어떤 시보다 깊은 이야기를 전합니다.

달빛의 그리움

달빛이 창문을 스친다
그대의 이름이
물결처럼 가슴에 번진다

비에 젖은 유리 위로
오래된 얼굴이 흔들린다

그때의 웃음이
아직도 내 안에서 빛나고,
시간은 잔잔히 멀어진다

손 닿지 않는 곳에서도
기억은 흐르고 있다

오늘 밤,
달빛만이 나의 마음을 비춘다

그리움이란,

이토록 맑은 빛

달빛 아래 떠오르는 얼굴은 늘 그리운 사람입니다. 그리움은 어쩌면 사랑의
또 다른 모습, 멀어질수록 더 선명해지는 감정입니다.

제2부 사랑, 타오르고 남은 불씨

그리움의 끝에는 항상 네가 있다

모든 길의 끝에
너라는 불빛이 있었다

잿빛 도로를 지나며
나는 자꾸 그곳으로 향했다

밤하늘의 오로라가
한 점의 별로 모이듯,
흩어진 마음도 너에게 닿았다

이름 없는 바람을 따라
끝없이 걸었지만
결국 돌아온 자리는 하나

그리움의 끝,
너

모든 생각의 끝에는 당신이 있습니다. 잊으려 애쓸수록 그 이름은 마음의 깊은 곳에서 다시 피어납니다.

제2부 사랑, 타오르고 남은 불씨

잇힘

그대의 미소는
봄빛 아래 흩어진 꽃잎
닿을 듯 사라진다

가을의 약속은
낙엽처럼 들려오다
끝내 바람이 데려간다

겨울의 눈꽃은
한순간 반짝이고,
그 찬 빛이 아직도 남아 있다

여름의 해무처럼
기억은 천천히 옅어지지만,
완전히 사라지지는 않는다

잊힌다는 건 사라지는 게 아니라 다만 마음의 다른 곳에 자리를 옮기는 일입니다. 기억은 흐려져도 감정은 여전히 살아 있습니다.

제2부 사랑, 타오르고 남은 불씨

사랑하는 밤

그대 손이 닿는 순간,
내 안의 불빛이 깨어난다

심장은 별처럼 흔들리고,
바람이 한숨처럼 스쳐 간다

마음이 마음을 더듬을 때
밤은 조금 더 밝아지고,
우리의 영혼이 겹친다

달빛은 살포시 뒤돌아본다
아무 말도 없지만,
그 침묵 속에서
사랑이 시작된다.

밤이 깊어질수록 사랑은 선명해집니다. 고요 속에서 피어나는 마음의 불빛,
그것이 우리를 다시 이어 주는 끈입니다.

제2부 사랑, 타오르고 남은 불씨

두 사람

한 줄의 빛이 두 갈래로 흘러
다시 하나로 모인다

서로의 눈 속에
서로의 시간을 비추며,
웃음이 공기처럼 번진다

바람은 축복의 노래가 되어
하늘 끝까지 퍼지고,
발끝 아래 그림자마저 닮아간다

해와 달이 교차하듯
둘의 빛결이 겹친다

그 순간,
세상은 잠시 멈춘다

사랑은 결국 '함께'라는 단어로 완성됩니다. 두 사람이 나누는 웃음 하나, 침묵 하나에 인생의 의미가 담겨 있습니다.

제2부 사랑, 타오르고 남은 불씨

하나가 되어

서로 다른 길을 흘러온 두 강이
어느새 한 물결이 된다

달빛이 수면을 스치고,
은빛 흔들림이 마음을 적신다

손끝이 닿을 때
호흡이 섞이고,
시간이 잠시 멈춘다

별빛 아래,
두 그림자가 하나로 포개진다

그 순간,
모든 이름이 사라지고
오직 흐름만이 남는다.

사랑은 둘이 하나가 되는 과정입니다. 같아지기 위해서가 아니라 다름을 이해하기 위해 손을 맞잡는 일입니다.

제2부 사랑, 타오르고 남은 불씨

사랑의 불꽃

당신의 눈 속에서
작은 불이 깜박인다

별빛이 쏟아지는 밤,
숨결이 섞이며 열이 번진다

그대를 부르는 순간,
가슴이 불꽃처럼 터지고,

세상은 잠시 멎는다

달빛이 흐르고
그림자가 겹칠 때,
시간은 숨을 죽인다

스친 여운,
그 아래서 타오른다

불꽃은 짧지만 뜨겁습니다. 타오른 흔적이 남는다면 그것이 바로 진정한 사랑의 증거입니다.

외.로.움.

밤의 파도가 밀려와
내 마음 가장자리에서 스며든다

달빛은 그 위를 천천히 걷고
그림자는 나를 따라온다

바람이 노래를 부를 때
잠시 멈춰 선다

아무 말 없는 이 시간이
오히려 내 안을 채운다

혼자라는 건,
비워진 자리가 아니라
다시 숨쉬기 위한 여백

별빛이 은은히 번지고
나는 그 아래에서

홀로 깨어 있다.

사랑의 반대말은 미움이 아니라 외로움입니다. 그 빈자리가 크다는 건 그만큼 사랑이 깊었다는 뜻입니다.

사랑하는 사람들과 함께한 시간, 그들이 남긴 따스한 온기, 그리고 이별 후에도 남은 그 자리. 우리는 모두 누군가의 삶에 흔적을 남기고, 누군가의 흔적을 가슴에 품고 살아갑니다. 자녀가 자라는 모습을 바라보며, 어머니를 떠나보내며, 일상의 작은 순간들 속에서 깨달았습니다. 사랑은 끝나지 않는다는 것을, 떠난 이들도 여전히 우리 곁에 머물고 있다는 것을. 바람이 지나간 자리에 향기가 남듯, 사랑했던 이들은 우리 마음속에 영원히 머물러 있습니다.

제3부

그리움이
지나간 자리에서

사랑 · 삶 · 사람

한 사람이 지나간다
그 발자국마다
따뜻한 빛이 번진다

눈빛이 머물고,
웃음이 퍼질 때마다
세상은 조금 더 부드러워진다

혼자라 여긴 밤에도
누군가의 생각 속에 내가 있다

사람에게서 사랑이 피어나고,
사랑 속에서 삶이 흘러간다

이 단순한 진실이
오늘을 지탱한다

고맙다,

내 곁을 지나간 모든 사람에게.

살아온 날들을 돌아보면, 결국 남는 건 사람입니다. 사랑하며 살아온 흔적이
곧 삶의 무늬가 되어 우리를 지탱합니다.

하늘을 바라보며

오늘도 고개를 든다.
파란 하늘이 눈에 스민다

바람 한 줄기,
흩어진 구름의 그림자,
그 속에 마음이 흔들린다

멀리 나는 새 한 마리,
나의 꿈이 그 뒤를 따른다.

손 닿을 수 없는 곳에서도
빛은 내려오고,
그 빛은 나를 일으킨다

슬픔 끝에 빛이 머문다

고개를 들어 하늘을 볼 때마다, 마음이 다시 새로워집니다. 희망은 언제나 위를 바라보는 사람의 눈에 깃듭니다.

선한 생각

작은 꽃 한 송이를 바라보며
선한 마음을 떠올린다

누군가의 눈빛 속에
별빛이 번지는 순간처럼

그 생각은 봄비가 되어
마른 마음을 적신다

내가 지나간 자리마다
작은 꽃이 피어난다면,
그건 아마도
내 안의 빛이 물든 까닭일 것이다

한 점의 빛이
물결이 되어 퍼지고,
그 잔잔한 울림이
세상을 조금 더 맑게 만든다

세상을 바꾸는 건 거대한 힘이 아니라 작은 선의 마음입니다. 오늘의 선한 생각 하나가 내일의 세상을 밝혀 줍니다.

이웃과 나누는 작은 기쁨

오늘도 낡은 물건 하나가
새 손길을 기다린다

누군가의 시간 속에 있던
책상, 잔, 미묘한 흔적들

그 위에 남은 온도가
봄 햇살처럼 번진다

"필요하신 분 가져가세요."
그 말 한 줄에
세상이 조금 부드러워진다

물건이 새 숨을 얻듯,
우리의 마음도 이어진다

작은 나눔 하나,
그 안에 숨은 기쁨이 꽃핀다

나눔은 크기보다 마음의 온도에 있습니다. 손끝의 따뜻함이 세상을 조금 더 환하게 만듭니다.

마음을 담는 순간

작은 상자 하나 앞에
손끝이 잠시 멈춘다

무엇을 넣을까 망설이다가
결국 내 마음이 들어간다

포장지의 주름마다
숨겨진 떨림이 있다

받는 이의 얼굴을 떠올리면
가슴이 먼저 빛난다

선물이란,
건네는 순간의 온기와
그 안에 담긴 사랑
그 사이에 머무는 침묵

진심이 담긴 선물은 물건이 아니라 마음의 모양입니다. 전해지는 건 포장지가 아니라 그 안의 온기입니다.

꽃과 농부

새벽이슬이 맺힐 때
꽃잎이 미세하게 떨린다

농부의 발자국 소리가
흙 속으로 스며들고,
그 숨결이 뿌리를 깨운다

햇살이 번지며
둘의 따스함이 겹친다

말은 없지만
꽃은 더 밝게 피고,
농부의 눈엔 빛이 고인다

그 짧은 순간,
세상은 천천히 자란다

땀과 햇살이 어우러진 자리에서 꽃은 피어납니다. 기다림의 시간마저 사랑으로 채우는 이가 진정한 농부입니다.

95

꽃길

작은 손을 잡고 걷던 날이
기억의 끝자락에 남아 있다

이제 그 손은 멀어지고,
한 뼘 더 큰 뒷모습이 길 위에 서 있다

시간은 화살처럼 스쳐 가지만
나는 그 발자국마다 멈춘다

사랑한다는 말 대신
바람에 기도를 실었다

네가 걷는 길마다
꽃잎이 흩날리고,
그 길이 너를 부드럽게 감싸기를

오늘도
그 길의 먼 끝을 바라본다

떠나보내는 마음에도 사랑이 있습니다. 걷는 이의 앞길마다 꽃이 피어나길
바라는 것이 부모의 기도입니다.

든든한 행복

아들의 어깨가 자랄수록
내 마음의 하늘도 넓어진다

무거운 짐을 들어 올리는 손끝에서
젊은 날의 내가 보인다

딸의 웃음이 번질 때마다
햇살이 집 안을 가득 채운다

그 소리 속에서
잃었던 봄을 다시 듣는다

아들은 나의 그림자가 되어
세상의 무게를 함께 들고,

딸은 나의 빛이 되어
하루를 밝혀준다

슬픔 끝에 빛이 머문다

이토록 평범한 저녁,

이미 충분히 행복하다

가족의 웃음 속에 숨은 평범한 하루, 그것이 가장 확실한 행복입니다. 우리는
이미 충분히 사랑받고 있습니다.

말 없는 기도

아들이 내 어깨를 넘어섰다.
한 아름 품기엔 너무 큰 등,
내 그림자가 그 아래에 포개진다

예전엔 품에 들어오던 손이
이제 나를 이끄는 손이 되었다

말은 적어지고,
마음은 깊어졌다

저 높은 곳을 향해 걷는 그를
조금 뒤에서 바라본다

팔은 닿지 않아도,
내 마음은 여전히 아들을 안는다

햇살이 그의 등을 감싸는 순간,
나는 가만히 기도한다

그 빛이 너의 길이 되기를

자식의 어깨가 자랄수록 아버지의 사랑은 말없이 깊어집니다. 손은 놓아도
마음은 여전히 품고 있습니다.

금지옥엽(金枝玉葉)

황금빛 가지 끝에
옥잎이 바람을 건넨다

그 빛을 따라 걷는 뒷모습,
긴 시선으로 배웅한다

발아래 푸른 바다가 열리고,
별들은 길 위의 등불이 된다

시간의 강을 건너
사진 속 너는 더 멀리 간다

손끝이 허공을 스칠 때,
기도는 말이 되지 못하고
빛으로 스며든다

금지옥엽.
너라는 이름의 찬란한 존재여,

슬픔 끝에 빛이 머문다

어디서든, 오래도록 빛나기를

귀한 것은 금과 옥이 아니라 사랑으로 자란 존재입니다. 멀리 있어도 그 마음
은 언제나 닿아 있습니다.

기도하는 아침

아침이 찾아온다
창밖은 잿빛으로 흐르고
아이는 도시락 가방을 든 채
조심스레 현관을 나선다

열아홉 해를 품은 시간이
그 순간, 멈춘다
고사장 앞
작은 등이 문틈으로 사라진다

나는 그 등을 따라
마음 한 조각을 건넨다
촛불 하나 켜고
기도한다

아이의 꿈이
빛으로 피어나기를
그 길 위에

작은 용기 하나 함께하기를

세상 가장 잔잔한 이별
내 전부였던 너는
이제 네 이름의 길을 걷는다

사랑은 걱정이 아니라 믿음입니다. 마음을 모을 때, 기도는 희망이 됩니다.

열아홉 번째 겨울의 선물

시험장 문이 열리고
그대의 어깨 위로 눈꽃이 내린다

열아홉 해 동안 걸어온 길,
그 발자국마다 꽃잎이 쌓인다

밤마다 달을 올려다보며
스스로를 다독이던 시간들
그 인내가 오늘 빛으로 피어난다

연필을 내려놓는 순간,
새로운 문이 열린다
이제는 바람을 따라
그대의 날개를 펴라

겨울의 끝,
한 줄기 새벽이 피어난다
그 온기로 세상을 밝히며,
그대의 길이 열린다

청춘의 끝자락에서 흘린 눈물은 성장의 다른 이름입니다. 노력의 시간은 결국 가장 따뜻한 빛으로 돌아옵니다.

세월의 노래

오래된 노래 한 줄이
귓가를 스친다
시간은 강물처럼 흘러
서른 해를 건너왔다

봄의 설렘, 여름의 열기,
가을의 냄새, 겨울의 숨결.
그 모든 계절이 내 안에서 운다

바랜 사진 속 얼굴들,
그때의 웃음이 바람결에 섞인다

세월은 흐르지만
멜로디는 흐트러지지 않는다
한 곡의 노래 안에
빛과 그림자가 함께 공존한다

그리고 지금,

그 마음은 여전히
살아 숨 쉰다

흘러가는 시간 속에서도 마음의 멜로디는 남습니다. 젊음의 순간들은 바래도
여전히 우리 안에 살아 있습니다.

풍금과 추억

먼지 쌓인 창가,
풍금 하나 서 있다
낡은 건반마다
시간의 흔적이 묻어 있다

삐걱거리던 소리,
내 어린 날의 맥박 같았다

창문 밖 새들이 날아가고,
공기 속엔 오래된 선율이 번진다

부서진 창틀 위로
소리의 먼 결이 흘러내린다
그 속에서
음이 하나하나 살아난다

밤이 내리면,
그 소리는 달빛의 울림이 되어

슬픔 끝에 빛이 머문다

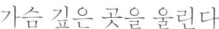

가슴 깊은 곳을 울린다

오래된 소리 속에 어린 날의 웃음이 깃듭니다. 추억은 세월이 흘러도 변하지 않는 가장 맑은 음악입니다.

책과 함께

서가에 줄지어 선 책들,
묵묵히 빛을 품고 있다

손끝이 닿을 때마다
다른 향기가 전해진다

한 권을 펼치면
시간이 천천히 흐르고,
글자들이 창문이 되어
세상으로 이어진다

하나둘 페이지를 넘길 때,
그 속의 길을 걷는다

책 한 권의 여백 속에서
오늘도 그윽한 여행을 떠난다

책장은 또 하나의 여행길입니다. 활자 속에 스민 타인의 생각이 내 마음을 자라게 합니다.

칼 가는 소리

아파트 로비 한편,
쇳소리가 공기를 가른다

한 번, 또 한 번.
무딘 날이 깨어난다

노인의 손질에서
빛이 번쩍이고,
쇳가루가 바람에 흩어진다

그 소리,
오래된 시간의 맥박이자
삶을 벼리는 울림이다

오늘도 그는
자신의 세월을 갈며
세상을 조금 더 단단히 만든다

인생의 날도 벼려야 빛이 납니다. 묵묵히 살아온 손끝에서 진짜 강함이 태어
납니다.

텅 빈 공간

물건이 떠난 자리,
그림자만 남았다

벽엔 액자의 사각 자국,
바닥엔 가구의 기억이 눌어 있다

시간은 멈춘 듯,
고요가 눈처럼 내려앉는다

창문으로 흘러든 빛이
이제는 한층 넓게 번진다

떠나간 것들의 무게만큼
공기가 옅어지고,
그 적막이 내 어깨를 감싼다

먼지들이 햇살 속에서 춤추며,
그 속에서

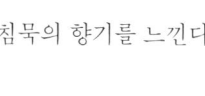

침묵의 향기를 느낀다

떠난 자리에는 공허함 대신 여백이 남습니다. 그 빈틈이 새로운 시작을 위한 숨결이 됩니다.

느린 온기

냉동실 문을 여니
차가운 공기가 얼굴을 스친다

그곳엔 단단히 얼어 있는 너
오늘 밤 너를 꺼내지만
시간이 필요하다
해동의 시간이

조급한 마음에
전자레인지 버튼을 누르면
겉은 금세 녹고,
속은 여전히 차갑다

사랑도 그렇다
조금씩, 천천히
기다림 속에서만
따뜻해지는 것

오늘 밤,

나는 허기와 함께

그 느린 시간을 견딘다

모든 관계에는 해동의 시간이 필요합니다. 서두르지 말고, 천천히 녹여야 온기가 돌아옵니다.

그 후로 오래오래 행복하게

어린 시절,
동화책 마지막엔 늘 있었다
"그 후로 오래오래
행복하게 살았습니다."

그 말이 참 좋았다
세상엔 그런 결말이
있는 줄 알았다

하지만 살아 보니,
행복은 기다림이 아니라
매일의 선택이었고,
때로는 용서였다

아침 햇살 속 당신과 마주 앉아
차 한 잔을 나누며 생각한다

우리는 어쩌면,

조금씩 행복해지는 중인지도 모른다

행복은 완벽함이 아니라 함께 버텨 내는 과정입니다.
우리는 여전히 사랑을 써 내려가는 중입니다.

은은한 향기

친구들이 말한다
요즘, 참 좋아 보인다고

그 말이 새벽안개처럼
내 마음에 스민다

한때는 바람에 흔들리던 가지였지만
이제는 뿌리 깊은 나무가 되어
계절의 흐름을 품는다

거울 속 얼굴은
날카로움을 잃고,
물결처럼 부드러워졌다

좋아 보인다는 말 속엔
수많은 풍랑을 지나온 배가
잔잔한 항구에 닻을 내린
평온이 숨어 있다

이제야 안다

아름다움은

평화 속에서 익어 가는 것임을

세월이 깊어질수록 향기는 잔잔해집니다. 격렬함 대신 평화로움이 남을 때,
우리는 비로소 아름다워집니다.

연휴의 끝

아침이 오고,
알람이 울린다

잠결의 꿈 조각들이
잔잔히 흩어진다

어제의 자유는
오늘의 현실 앞에서
조금씩 물러난다

창밖의 햇살은 그대로인데
마음엔 작은 그늘이 드리운다

알람 소리 틈으로
연휴의 웃음이 스치고,
나는 하루를 받아 든다

그늘 위에

조용한 새날이 피어나기를

끝은 또 다른 시작입니다. 일상으로 돌아가는 발걸음마다 새로운 햇살이 비춥니다.

언어의 별들

당신의 말들이
밤하늘에 떠오른디
별처럼
하나둘

어떤 말은
짧은 유성이 되어
내 마음을 스치고,

어떤 말은
은하수가 되어
가슴속을 흐른다

모여든 말들이
서로를 끌어당기며
새로운 별자리를 만든다

나는 조용히 바라본다.

그들의 춤,

그들의 따스함

이제야 안다.

시는 말들의 만남,

나는 그 빛을 엮는

작은 손일 뿐이다

말은 마음의 별빛입니다. 진심의 언어만이 오래도록 밤하늘에 빛납니다.

시가 꾸는 꿈

시를 읽는다는 건
곧 나를 만나는 일이다

종이 위 몇 줄의 문장 속에
내 마음의 결이 담겨 있고,
그리움의 밤이 머물러 있다

누군가 내 시를 읽는다면
그는 내 발자국을 따라 걷는 사람,
내가 바라본 하늘을
같은 마음으로 올려다보는 사람이다

시를 쓴다는 건
자신을 한 글자씩 풀어 내는 일
읽힌다는 건
누군가에게 마음을 건네는 일

그래서 내 시를 덮는 이는

슬픔 끝에 빛이 머문다

나의 일부를 품고 가고,

내 시를 외우는 이는

나를 가슴에 새긴다

시를 쓴다는 건 마음을 한 줄씩 풀어 내는 일입니다. 시는 결국 나 자신을 알아가는 또 하나의 길입니다.

닿지 않는 것을 향해

그리움은
언제나 반대편에 있다

슬픔이 깊을 땐
작은 기쁨 하나를 떠올리고,
기쁨이 넘칠 땐
그늘진 슬픔을 내려 쓴다

분주한 날엔
차분한 풍경을 그리며,
평온한 날엔
사람들의 움직임을 떠올린다

시인의 마음은 늘
닿지 않는 것을 향해 걷는다

그리움이란,
지금 여기에 없는 것을

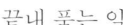
끝내 품는 일

시인은 늘 결핍 속에서 아름다움을 봅니다. 그리움이 있어야 시가 자라납니다.

깨진 것들의 자유

오래 쓰던 그릇이 깨졌다
바닥에 흩어진 조각늘이
별빛처럼 반짝인다

아쉬움이었을까
후련함이었을까

손에 익어 무뎠던 감각들이
깨지는 순간,
비로소 선명해진다

깨짐은 찰나의 자유,
그리고 긴 이별

오래 참고 있던 숨을 내쉬듯
그릇은 속삭인다.

"이별도, 하나의 빛이야."

나는 작은 조각 하나를

손바닥 위에 올려

가만히 들여다본다

부서진 것 속에서도 빛은 남습니
다. 깨짐은 상처가 아니라 다시
시작하는 순간입니다.

외로움의 아름다움

텅 빈 마음속,
정적이 흐른다

침묵을 들여다보니
심장의 박동이 들린다
참으로 생생한 생명

거울 속 나는
담담히 미소 짓고,
그 미소 안에
작은 평화가 깃든다

책장을 넘기는 소리,
고요에 번지는 미소 하나

홀로의 시간 속에서
천천히 안다
외로움은 슬픔이 아니라,

또 다른 나와의 만남임을

외로움은 고통이 아니라 나 자신과의 대화입니다. 고요 속에서 진짜 평화를
배웁니다.

다시 밤이 되었습니다

하루의 틈새로
어둠이 내려온다

거리의 불빛이
창가에 기대어 설 때,
다시 적막에 잠긴다

째깍째깍,
시계는 달려가지만
생각은 자꾸 뒤로 걷는다

잔 속의 위스키처럼
기억이 천천히 가라앉고,
문득, 웃던 네 얼굴이 스친다

혼자인 건 익숙한데
외로움은 늘 새로워서,
오늘도 묻는다

슬픔 끝에 빛이 머문다

어쩌다 이렇게 되었을까.

그냥

그런 밤이다

밤은 슬픔이 아니라 위로의 시간입니다. 어둠 속에서야 진짜 빛의 의미를 알게 됩니다.

밤과 새벽 사이

달이 은빛으로 세상을 감싸고
황금빛 태양이 고개를 든다
두 빛이 맞닿는 순간
세상은 숨을 고른다

적막과 활기가
아슬히 균형을 이루는 때
눈꺼풀이 스스로 열린다

꿈과 현실의 경계 위
작은 돌멩이 하나
새벽의 고요에 물결을 남긴다

나는 잠시 멈춰 선다
오늘의 삶은
어떤 빛으로 물들까

차가운 물로 얼굴을 적시며

희망의 씨앗 하나를 품는다

새벽은 어둠과 빛이 공존하는 시간. 그 경계에서 희망은 조용히 태어납니다.

제3부 그리움이 지나간 자리에서

경계의 시간

태양이 옷을 벗는다
금빛 비단이 흘러내리고,
보랏빛 살결이 드러난다

나는 까치발로 선다
두 세계가 입 맞추는 그 경계
심장은 북처럼 울린다

수평선 너머,
태양이 마지막 숨을 내쉬고
샛별이 속삭인다.
"이제, 나의 시간."

바람이 나뭇잎의 귀에
은밀히 말을 건넬 때,
그림자는 길게 늘어나
내 몸을 감싼다

낮의 선명함이

밤의 신비로 물드는 순간,

그 사이에서

진짜 나를 마주한다

낮과 밤의 경계에서 우리는 자
신을 만납니다. 변화는 늘 그 사
이의 틈에서 시작됩니다.

지켜보는 마음

창가의 약병 하나,
마른 손가락 하나
기다림은 말없이 흐른다

부모님의 기침 소리에
가슴이 무너지는 밤,
그 아픔을 대신할 수 없어
그저 손을 잡는다

아이의 열이 오르던 밤,
내 품의 작은 몸이
불꽃처럼 떨릴 때,
속으로 기도했다

"이 열이 내게로 오기를,
이 아픔이 나를 거쳐 가기를."

사랑이란,

결국 아무것도 할 수 없는 마음

그 무력함이

가장 깊은 애틋함이 된다

사랑은 대신 아파하는 마음에서 자랍니다. 침묵 속에서도 가장 큰 위로는 함께 있는 것입니다.

장례식장에서

아홉 해 전,
어머니를 떠나보낸 이곳에
오늘은 다른 이의 마지막 길을 배웅하러 왔다

똑같은 문,
똑같은 계단,
똑같은 향기.

그런데 왜일까,
가슴 한편이 문득 저려 온다

시간이 멈춘 듯한 이곳,
어머니의 미소가 아직 허공에 떠 있는 듯하다

아홉 해가 흘렀어도
나는 여전히
그날의 아들이다

어머니,

저는 잘 지내고 있어요

그리워지는 날이 오면

잔잔한 미소 지어 봅니다

그 또한,

사랑이니까요

떠남은 끝이 아니라 또 다른 만남의 예고입니다. 그리움은 사랑이 남긴 가장
깊은 자취입니다.

어머니의 빈자리 - 선종 9주기에

하늘의 달이 물에 잠기듯
어머니의 기억이
가슴에 스며든다

텅 빈 방의 의자 하나
그 자리는 오늘도
포근하게 나를 맞는다

바람에 흩날린 꽃잎은
어머니의 손길을 닮았다
잠시 스치고,
영원히 사라진 따스함

오래된 사진 속 미소가
시간의 강을 건너
나를 향해 손을 흔든다

보이지 않아도

만질 수 없어도

그 사랑은 여전히

내 영혼의 뿌리를 적신다

사랑은 사라지지 않습니다. 보이지 않아도, 여전히 우리를 품고 있는 존재입니다.

영원한 그리움

사무치는 그리움이
어머니 곁에 닿기를

반들반들해진 묵주 알처럼
기도마다 진심이 피어나기를

언젠가 모퉁이를 돌아
다시 만날 그날을 기다리며,

이 세상 모든 사랑과 연민이
고요히 어우러지기를 바란다

어머니의 사랑까지도
내 마음 깊이 품어 두며,
시간과 공간을 넘어
오늘도 살아간다

그 기도가 곧 사랑이 되고,
그 사랑이 나를 살게 한다

그리움은 끝나지 않는 대화입니다. 시간과 공간을 넘어 사랑은 여전히 흐릅니다.

껍질 속의 빛

껍질은 거칠다
가시 돋친 밤송이처럼

그러나 그 안의 알맹이는
달빛처럼 맑다

진흙탕 속에서도
연꽃은 피어나고,
육신의 무게에 눌려도
영혼 하나는 날아오른다

가면을 쓴 얼굴들 사이에서
진실한 눈물 한 방울이 떨어진다

소음 가득한 도시 속에서도
은은한 기도의 향기가 피어나고,
썩은 그루터기에서도
새싹 하나가 솟는다

껍질을 벗겨내면 드러나는 것은
언제나, 순수한 빛의 씨앗

겉모습은 거칠어도 내면에는 순수가 있습니다. 진짜 아름다움은 언제나 껍질
을 벗겨야 보입니다.

괜찮아, 괜찮지, 괜찮을 거야

괜찮을 거야
흔들리는 바람결에
너의 아픔은 흩어지고,
눈물은 흙처럼 번질 테니까

저녁노을이 흐트러져도
깨어진 평화 속에서
네 눈빛은 여전히 빛난다

괜찮아, 괜찮지.
아무도 모르는 상처들이
마음 한편에 웅크려 있어도,
세상은 여전히 숨 쉬고 있으니까

괜찮아
그리고
결국은
괜찮아질 거야.

삶은 괜찮음과 괜찮지 않음 사이를 오갑니다. 결국엔 다 괜찮아질 거라 믿는 마음이 우리를 견디게 합니다.

제3부 그리움이 지나간 자리에서

내일의 나에게

더 사랑하라
오늘보다 조금 더 깊이,
스쳐 지나가는 사람들과
길가의 꽃, 아침의 새소리까지도

더 그리워하라
이미 떠난 것들,
아직 오지 않은 것들까지
그리움이 깊을수록
마음은 더 넓어진다

더 아름답게 살아가라
작은 일에도 감사하고,
평범한 하루에도 기쁨을 품으며

눈물의 시간에도
웃음을 잃지 않기를,
그리고 내일의 나는
오늘보다 조금 더 따뜻하길

오늘보다 조금 더 따뜻한 사람이 되길 바랍니다. 내일의 나는 오늘의 사랑 위에 자랍니다.

바람이 머물던 자리

새벽, 안개 깊은 언덕에서
나는 기다린다.
멀리 사라진 속삭임을
다시 들을 수 있을까

푸른 하늘 끝자락,
흰 새 한 마리 날아가고
이슬 맺힌 풀잎 사이로
기억들이 아련히 흔들린다

손끝에 닿을 듯 말 듯한
그 모든 순간이
잔물결처럼 밀려와
꽃잎처럼 흩어진다

돌아갈 수 없다 해도
나는 여기 서 있으리
바람결에 그리움을 새기며

해가 뜨는 언덕에서,

다시, 해가 뜨는 언덕에서.

떠난 바람의 흔적에도 여운이 남습니다. 그리움은 그렇게 우리의 하루를 다
시 빛나게 합니다.

어떤 사랑은 말로 하지 못하고, 어떤 그리움은 가슴 깊이 묻어 둡니다. 시간이 흐르면 모든 것이 변하지만, 마음 한구석에 자리 잡은 그대만은 변하지 않습니다. 이별 후에도, 세월이 지나도, 그 사람은 여전히 내 마음 한구석에 고요히 머물러 있습니다. 슬픔이 그리움이 되고, 아픔이 사랑으로 남는 그 과정을 시로 적었습니다. 먼저 간 이들을, 멀어진 이들을, 그리고 영원히 닿을 수 없는 이들을 향한 마음을 담았습니다.

제4부

그대, 내 안의 등불

사랑 · 삶

사랑은
늘 그 사리에 있었나
내가 몰라본 것일 뿐,
햇살처럼, 바람처럼

삶이 무거워
고개 숙일 때에도
사랑은 스쳐 가며
살포시 나를 일으켰다

누군가의 미소 속에
따뜻한 말 한마디에
길가의 작은 꽃 한 송이에

삶은 사랑을 품고,
사랑은 삶을 밝혀 준다

오늘도

슬픔 끝에 빛이 머문다

그 빛을 따라 걷는다

사랑은 삶의 다른 이름입니다. 우리가 숨 쉬고 걷는 모든 순간 속에, 사랑은
늘 그 자리에 있습니다.

네가 내 옆에 있어서

이유 없이 힘든 날이 있다
별것도 아닌 일에
마음이 무너질 때

그럴 때면
너는 곁에 있다
말하지 않아도,
그것만으로 충분하다

거창한 꿈이 아니어도
성공이라는 이름이 아니어도

누군가 내 옆에서
같은 아침을 맞고
같은 저녁을 보내는 것

그것만으로도
다시 걷는다.

슬픔 끝에 빛이 머문다

함께 있다는 건 위대한 일상입니다. 말없이도 곁을 지켜 주는 그 존재가, 삶을
견디게 하는 힘이 됩니다.

제4부 그대, 내 안의 등불

그런 사람

누군가 앞에서는 울어도 된다
꾸미지 않은 얼굴로
그냥 앉아 있어도 된다

'괜찮다' 말하지 않아도
'힘들다' 털어놓아도 된다

그 사람 앞에서는
강한 척하지 않아도 되고
억지로 웃지 않아도 된다

그런 사람이 있다는 것
그런 자리가 있다는 것
세상에서 가장 큰 위로다

그 사람은 내가 넘어져도
서둘러 손을 내밀지 않는다
그저 조용히

내 곁에 머물러 준다

그 침묵 속에서
마음은 다시 피어난다

진짜 위로는 말보다 침묵에 있습니다. 내 곁에서 조용히 함께 머물러 주는 사람, 그 한 사람으로 세상은 따뜻해집니다.

하늘 높이

구름 사이 번지는
오후의 햇살처럼,
당신의 미소가
내 마음에 내려앉는다

바람에 흔들리는 나뭇잎,
그 속삭임 속에서
우리의 약속이
살며시 깨어난다

시간이 흘러도
변하지 않는 마음,
그건 아마도
당신을 향한 빛일 것이다

하늘 높이 흐르는 구름,
그 길 위에
우리의 따스함이

잠시 머물기를

사랑은 멀리서도 닿는 마음입니다. 하늘을 바라보듯, 우리는 서로의 깊이를 느끼며 살아갑니다.

제4부 그대, 내 안의 등불

첫눈 오는 날

한없이 고즈넉한 기다림이
흰 꽃송이 되어 피어나
세상을 천천히 덮어간다

사랑은 침묵보다 더 깊게,
마음 깊은 골짜기에
눈처럼 내려앉는다

눈송이 하나,
손바닥에 닿을 때
그리움은 흰 순간이 되고,
그대의 향기로 스며든다

사라지기 전,
가장 따뜻한 빛처럼

흰 눈처럼 조용히 내리는 사랑은 말보다 깊습니다. 그리움은 그렇게 눈송이 하나로 마음에 남습니다.

창가에 기대어

저녁빛 머문 창 앞에 서서
하루의 끝을 바라본다.
그대를 떠올리며
마음속 말들을 되새긴다

꽃잎 흩날리듯
시간은 흘렀지만,
그때의 설렘은
아직 내 안에 남아 있다

달 아래 번지는 향기처럼
그대를 향한 마음이 퍼져 간다

이제는 바란다.
그대와 나누던 순간들이
추억 속에서 다시 피어나길

별빛이 물드는 저녁,

그대를 그리며

오늘을 산다

기다림은 사랑의 또 다른 모양입니다. 저물녘의 빛 아래, 마음속 추억이 조용
히 반짝입니다.

그리움 한 조각

창가에 맺힌 빗방울처럼
그대의 기억이 스쳐간다
흐릿한 추억의 테두리 속,
한숨 하나 내려앉는다

바람결에 실린 목소리,
먼 언덕 너머로 사라지고,
손끝의 기억만 남아
세월을 달랜다

잠들기 전,
그 흔적을 더듬으며
시간을 불러본다

흰 구름 한 점
가슴에 떠오르면,
그대는 다시 돌아온다

사라진 것 같아도 마음 어딘가엔 늘 남아 있습니다. 그리움은 시간의 결을 따라 피어나는 기억입니다.

푸른 창

밤하늘이라는 창을 열면,
별들이 쏟아진다
그중 하나가
내게 속삭인다

사람마다 별을 품고 산다지만
나는 유독 그 별만 바라본다
시간이 흘러도
시선은 그곳에 멈춘다

밤이 깊어질수록
별은 더 밝아지고,
그리움은 은은히 가라앉는다

아침이 오면
별은 사라지고,
하늘은 다시 열리겠지만

나는 안다

그 별은 내일 밤에도

나를 기다릴 것이다

별빛을 바라보는 마음엔 언제나 그대가 있습니다. 멀리 있어도, 하늘은 우리를 잇는 투명한 창이 됩니다.

저물녘의 그리움

그대여,
저물녘 바람결에 찾아오는
내 깊은 그리움,
소중히 간직한 추억의 편지 한 장

떨어지는 낙엽처럼
변해가는 마음,
누구의 잘못도 아닌
시간의 흐름 속에서

한 줄기 석양빛이
창문을 물들이고,
그대 향한 마음도
은은하게 색을 바꾼다

사랑은,
이렇게 저물녘의 빛 속에서
다시 익어 간다

슬픔 끝에 빛이 머문다

저녁빛이 물드는 순간, 사랑은 조용히 익어 갑니다. 떠남 속에도 여전히 따스
함이 남아 있습니다.

시간이 흐르면

사랑이라 속삭이던 말들이
바람에 흩어져
어디론가 사라진다

황금빛 오후,
우리는 맑은 눈으로
서로를 바라보았다

그때는 몰랐다
시간이 흐르면
꿈도, 약속도, 마음도
모두 변한다는 것을

이제 그대의 모습은
기억 속 바랜 사진처럼
점점 희미해지고,

사랑의 아픔은

시간의 강물에 번지며

차분한 평안이 된다

시간은 모든 것을 변하게 하지만, 사랑은 그 흐름 속에서 새로운 형태로 살아남습니다.

그리움이 된 슬픔

작은 물방울이 모여
바다를 이루듯,
당신의 빈자리가 남긴 슬픔은
이제 그리움이 되었다

하늘에 흐르는 구름을 바라보며
당신의 미소를 떠올린다
아픔은 조용히 녹아들어
기억의 빛으로 남는다

꽃잎이 떨어져도
그 자리에 향기가 머물 듯,
당신은 떠났어도
내 마음속에 산다

시간이 흘러도
그 기억은 나이테처럼 남고,
그 마음은 어느새 고요가 되어

내 안을 감싼다

슬픔은 그리움으로 변해 갑니다. 사라진 것이 아니라, 더 깊은 곳으로 옮겨가 있을 뿐입니다.

그대, 내 마음 한구석에

바람결에 스며든 그내,
깊은 내 마음 한편에
그리움으로 자리 잡는다

햇살 속을 스쳐 가는
그대의 흔적이
오늘 하루의 향이 된다

혼자 있어도 외롭지 않은 건,
그대를 품은 내 마음이
잔잔한 호수이기 때문이다

그 물결 아래,
당신의 이름이
은은히 반짝인다

슬픔 끝에 빛이 머문다

사람은 마음속에 하나의 자리를 남깁니다. 그 자리는 세월이 흘러도 지워지지 않는 온기입니다.

먼저 간 그대에게

지워지지 않는 흔적,
손끝의 온기처럼
당신은 아직도
내 하루 어딘가에 숨쉰다

보내지 못한 안부들이
바람에 흩날리고
그 마음은 살며시
내 안에 내려앉는다

지우려 해도
기억은 봄빛 틈새로
다시 돋아난다

그리움이란,
사라지지 않는 이름 하나
내 마음 한편에
늘 피어 있는 꽃일까

창밖의 꽃잎 흩날리듯

오늘도

당신을 불러본다.

떠난 이는 여전히 우리 안에 머물러 있습니다. 그리움은 삶의 또 다른 형태의
사랑입니다.

마음속 영원한 울림

옛 괘종시계의 뻐꾹 소리
돌아갈 수 없는 강을
이미 건너왔다

정각마다 울리던 메아리
이제는 기억 속에서만
잔잔히 숨 쉰다

닿을 수 없는 시간의 틈,
아버지 서재의 향기만 남아
어린 나는 오래된 그림자처럼
기억 속에 머문다

흰머리 위로 내려앉은 세월
되돌릴 수 없는 강물처럼 흐르고
그 울림은 점점 멀어진다

시계추가 흔들리던 시절로

아무리 손을 뻗어도 닿지 않지만

그 메아리는 여전히

내 마음의 시계 속에서 산다

시간은 흘러도 사랑의 울림은 사라지지 않습니다. 그 울림이 우리를 다시 일
으켜 세웁니다.

축복 - 내가 아는 모든 이들에게

늦은 밤
온 마음으로
그대들을 떠올린다

손길로 나를 길러 준 어머니
어깨로 삶을 버텨 준 아버지
웃음으로 곁을 지켜 준 친구들
빛으로 길을 비춰 준 스승님들

이름 모를 사람들까지도
모두 내 삶의 한 줄기 빛이었다

기쁠 때 함께 웃고
아플 때 함께 울며
그 마음들이 모여
지금의 내가 되었다

이제 기도한다

각자의 길 위에
꽃이 피고, 새가 노래하며
햇살이 고르게 비추기를

혹시 외로운 밤이 찾아와도
이 마음의 조각 하나가
작은 위로가 되어
그대의 어깨를 감싸 주기를

내가 아는 모든 사람들이
행복하기를
사랑받기를

이 마음으로
오늘,
그대들을 축복한다

사랑은 나누어질수록 커집니다. 이 시는 세상 모든 이들에게 보내는 작은 기
도이자 큰 감사입니다.

살다 보면 길을 잃습니다. 스무 살의 방황도, 쉰 살의 고민도, 모두 길을 잃은 순간들입니다. 하지만 이제 압니다. 길을 잃어야 진짜 내 길을 찾을 수 있다는 것을. 넘어지고, 헤매고, 때로는 포기하고 싶을 때도 있었습니다. 그러나 그 모든 시간이 지금의 저를 만들었고, 더 단단한 사람으로 성장하게 했습니다. 지금 길을 잃고 헤매는 모든 분에게, 그것도 당신의 소중한 여정이라고, 슬픔 끝에는 반드시 빛이 머문다고 말씀드리고 싶습니다.

제5부

길 위의 기도

스무 살의 봄날에게

너는 아직 젊다 말하지만,
하루하루가 버겁다

스무 살의 달력 앞에서
서른의 고민을 하는 너를
탓하지 않겠다

때론 천천히 걸어도 좋다
숨 고르며,
네 속도로 가도 된다

소소한 일에도 웃고
작은 실수에도 미소 짓는,
그 잠깐의 순간이야말로
너만의 봄날이니까

청춘은 완벽하지 않아도 아름답습니다. 흔들림조차 그 시절의 빛입니다.

193
제5부 길 위의 기도

젊음의 거울

거울 속의 나는
어제와 오늘이 만나는
변화의 물결이다

내일의 나는 어떤 얼굴일까
희망의 캔버스 위에
조심스레 그려지는 초상

선택의 길목에서
잠시 멈춰 선다
망설임 또한
젊음의 일부이기에

자아를 찾는 여정은
끝없이 이어지고,
별이 숨 쉬는 밤
나에게 말을 건넨다

"꿈이 기다리는 미래여,

젊음의 빛으로

그 길을 걸어가리."

젊음은 완성된 자화상이 아니라, 끊임없이 그려 가는 과정입니다.

걱정 없는 날들을 위하여

작은 돌멩이 하나가
"걱정이야."하고 속삭이길래
강물에 떠워 보냈다

흰 구름 한 조각이
"무거워."하고 말하길래
바람에게 부탁했다

저 멀리 흘려보내 달라고

저녁이 되면
그대의 속마음도 풀려나길

달빛은 고요로
별빛은 평안으로
그대를 감싸 주길

이제 근심의 구름은 흘러가고

그 자리에 봄 햇살 같은

여유만 남기를

걱정은 흘려보내야 합니다. 바람처럼 떠나야, 평안이 머뭅니다.

30분 먼저 만난 세상

알람 소리 없이 눈을 뜨니,
창밖을 물들게 하는
아직 완전히 밝지 않은 빛

버스 정류장엔
사람 하나 없고,
빈 벤치에 앉아
하늘을 올려다본다

같은 길이지만
오늘은 다르고,
익숙한 아침이지만
새로운 공기가 흐른다

30분 먼저 만난 세상은
더 차분하고,
더 여유롭고,
조금 더 나답다

조금 먼저 열린 하루가

또 다른 세상을

열어젖힌다

삶의 변화는 거대한 결심이 아니라, 30분의 여유에서 시작됩니다.

혼곤한 하루

오늘도 버스에서 졸았다
꾸벅꾸벅 고개를 떨구는 사이,

창밖의 초록 잎들이
살며시 손을 흔든다

아, 여름이구나
내가 졸고 있는 동안에도
세상은 푸르름을 더하고 있었다

내일도 분명
이 버스에서 졸겠지만,
그것도 나쁘지 않다

어딘가에서는
또 다른 푸름이
자라나고 있을 테니까

반복되는 피로 속에도, 세상은 여전히 자라고 있음을 잊지 마세요.

제5부 길 위의 기도

구름처럼 지나가기를

기분을 발걸음에
맡기지 말자

흐르는 감정의 강을
붙잡지 말자

오늘의 내 기분은
단순한 풍경이 아니다

잠시 멈춰 숨을 고르고,
마음의 창문을 열어 보면
감정은 그저 한순간일 뿐이다

고집의 성을 짓지 말고
흔들리는 마음을
햇살 스미듯 다독이자

기분은 구름,

잠시 머물다 흘러가는 것

그렇게 나는
그 흐름 사이로
살며시 걷는다

감정은 구름처럼 흘러야 합니다. 붙잡지 않을 때, 마음은 가장 맑아집니다.

단순함을 찾아서

머릿속이
복잡할 때면,
고개를 들어 하늘을 본다
구름 한 점 없는 푸른 빛처럼
내 마음도 맑아지길 바란다

수많은 생각들이
실타래처럼 엉킬 때면,
작은 나뭇잎 하나를 바라본다
바람에 흔들리는 초록빛처럼
나도 그렇게 가볍고 싶다

때로는 새들이 부럽다
걱정 하나 없이
저 창공을 가르는 모습,
그 자유를 닮고 싶다

오늘도 햇살 곁에 앉아

복잡한 생각들을 내려놓는다
맑은 마음 하나로
쉼이 머무는 시간을 맞이한다

복잡한 세상일수록 단순함이 지혜입니다. 맑은 마음이 가장 큰 쉼입니다.

휴가의 진리

교무실 의자 대신
왕좌가 된 소파,

새벽 알람 대신
매미들의 노래가 울려 퍼진다

현실에서 잠시 벗어난
낯선 여유로움,
마치 은퇴의 예행연습 같며

그러나 이 달콤한 자유 속에도
스쳐가는 허전함이 있다

일상의 소란이 그리워지는 마음,
그 익숙함이 주는 안정감

휴가의 끝자락에서 깨닫는다

내가 없어도 세상은 잘 돌아가고,

삶의 모든 순간은

더욱 소중하다는 것을

쉼은 도망이 아니라 돌아봄입니다. 멈춤 속에서 비로소 삶을 배웁니다.

마음을 여는 발걸음

길 위의 바람처럼,
준비 없는 여행은
가슴 속에 작은 꽃을 피운다

지도에 없는 곳,
무엇을 만날지 모르는 설렘,
그것이 바로 여행의 묘미다

처음 마주친 바다,
낯선 하늘의 빛깔,
걸음마다 새로운 이야기가 피어난다.

떠남이란
마음을 여는 일,
세상에 두 팔을 벌리는 것

계획 없는 길 위에서
나는 다시 나를 만난다

여행은 세상을 보기보다, 내 마음을 다시 여는 일입니다.

제5부 길 위의 기도

속초에서

바다가 부르는 밤,
속초의 어깨에 기대어
시인은 마음을 펼친다

파도 소리에 귀 기울일 때,
바람은 그의 머리칼을 쓰다듬고
달빛은 노트 위에 내려앉는다

소금기 어린 공기가
폐 깊숙이 스며들수록
삶의 무게가 가벼워진다

푸른 어둠 속,
별빛을 옮겨 적는 손끝에서
새로운 문장이 태어난다

밤의 깊이만큼
시인의 마음도 깊어지고,

속초의 바다는 오늘도

그의 침묵을 안아 준다

바다는 시인의 마음을 닮았습니다. 깊고 넓고, 언제나 스스로를 비춥니다.

약속

그날,
네가 오지 않았을 때 알았다

약속이란,
마음으로 놓은 다리라는 것을

사람과 사람 사이엔
보이지 않아도
믿음의 선이 흐른다

바람이 불고
계절이 바뀌어도,
그 선은 흔들리지 않는다

약속은 기다림의 다른 이름,
그리고 다시 만남의 시작점

오늘도

그 다리를 걸어간다

진정한 약속은 말보다 기다림에 있습니다. 믿음이 다리를 놓습니다.

동행의 숨결

숨이 턱까지 차올라도,
네가 건네는 짧은 응원이
내 두 다리를 다시 움직인다

홀로 걷는 길이라 믿었지만,
언제부턴가 곁에는
따스한 손길들이 있었다

슬픔 눈에 빛이 머문다

전화 너머의 웃음,
잔잔한 안부의 목소리,
그 따스함이 어깨를 감쌌다

지친 날 기대는 친구의 어깨는
사막의 오아시스처럼,
한 모금의 희망이 되어
또 한 걸음을 내딛게 했다

이제 안다
인생은 혼자의 길이 아니다.
서로의 호흡이 이어져
하나의 리듬이 되는 여정임을

함께 걷는 사람들의 숨결 속에 인생의 의미가 머뭅니다.

그 시간의 선물

바쁘다는 이유로
가족의 웃음소리를
놓쳐버린 날들이 있었다

저녁노을 질 무렵,
아이 손을 잡지 못한 채
책상 앞에 앉아 있었다

□□□ □□□ □□□□,
'가장'이란 이름은
그 무게를 더했다

돌아보니 안다
그 시간들이야말로
오늘의 나를 빚은 손길이었다는 걸

놓친 식사 대신
더 단단한 내일을 세웠고,

그 치열한 날들이
지금의 평화를 만들었다

삶은 그렇게,
놓친 것과 얻은 것이
서로를 이해해 주는
긴 여행이다.

치열했던 시간은 결국 따뜻한 내일의 밑거름이 됩니다.

거울 앞에서

거울 속의 나,
희끗해진 머리칼을 본다

문득 미소 짓는다
이유는 묻지 않는다

세월이 남긴 흔적이
은빛 물결처럼 번지고,
그 위에 내 삶이
잔잔히 담겨 있다

거울 속 나와 눈을 맞추며
숨을 고른다

그 표정 하나에
지나온 날들이 담겨 있다

무거웠던 시간도,

기쁨이던 순간도,

이제는 고요히 수그러든다

세월은 얼굴을 바꾸지만, 미소는 여전히 우리를 닮아 있습니다.

오십의 풍경

하루의 끝,
차 한 잔 들고 바라본
창밖 노을이 이토록 고운 나이

달력 위에 쌓인 시간은
이젠 무게가 아니라
마음의 깊이가 되었다

흙을 만지며 배우는 평화,
빛의 결 속에서 느껴지는 온도

오랜 친구와 나눈 웃음 한 모금,
구름의 쉼표에 실려 간다

바쁨에 쫓기던 청춘은 갔지만
이제야 보인다.
손 내밀면 닿을 듯한
행복의 조각들이

오늘의 나를 만든

모든 날에 감사하며,

천천히 걷는다

인생의 절반쯤 왔을 때, 비로소 행복이란 단어의 진짜 뜻을 배웁니다.

무르익음의 가르침

눈이 흐려진다고
두려워하지 마라
보이지 않던 것들이
비로소 선명해지는 때가 있다

귀가 어두워졌다고
서러워하지 마라
소음이 사라진 자리에
내면의 소리가 깊어진다

말이 느려졌다고
탓하지 마라
침묵이 가르치는 지혜가 있다

입맛이 변했다고
걱정하지 마라
느릿한 맛의 깊이를
이제야 깨닫는 중이다

슬픔 끝에 빛이 머문다

몸이 늙는 것이 아니라,
영혼이 익어가는 시간
적당히 보고, 듣고, 말하고,
비로소 안다
진짜 사는 법을

늙는 것이 아니라, 익어 가는 시간입니다.
마음이 완숙해질 때 인생이 깊어집니다.

잊힌다는 것

그대의 미소,
봄날 꽃잎처럼 흩어져 간다
기억의 강물 위에서
잔잔히 흔들리며

우리의 약속들,
가을 낙엽 되어
바람에 실려 가다
다른 계절로 스며든다

찰나의 순간들,
겨울 눈꽃처럼 피어올라
허공 속에 스러진다

남은 건 그리움
여름의 해무처럼
부드럽게 피어올라
마음 한편에 번진다

슬픔 끝에 빛이 머문다

사라짐은 완전한 끝이 아닙니다. 그리움의 또 다른 이름일 뿐입니다.

아쉬움의 그림자

지나간 시간의 아쉬움,
놓쳐버린 기회의 한숨
망설이던 그 시절의 나를
나지막이 불러 본다

멀어져 간 뒷모습들,
끝내 전하지 못한 마음들
두려움에 머물던 순간들이
가슴 깊은 곳에서 깨어난다

그 미련은 그림자처럼
내 안에 남아 있다
하지만 그 어둠 속에서도
새로운 빛이 움튼다

되돌릴 수 없는 시간이라 해도,
이제는 안다
후회 또한
성장의 다른 이름임을

슬픔 끝에 빛이 머문다

미련은 나쁜 게 아닙니다. 다음 길을 밝히는 조용한 등불이 되니까요.

마음만큼은

시간이란 참 묘한 것,
너의 얼굴엔 아직도
스무 살의 봄빛이 머물고,
내 기억 속 젊은 날도
어제처럼 선명하다

하지만 거울 속의 나는
깊어진 눈빛 하나에
세월의 강이 흐르고 있음을 안다

청춘은 한 장의 사진처럼
그 자리에 머물러 있고,
우리는 각자의 강을 따라
은은히 흘러간다

그래도 언젠가,
다시 마주 웃을 수 있겠지
그때, 마음만큼은

옛날 그대로이기를

청춘은 끝나는 것이 아니라, 마음의 한편에 여전히 살아 있습니다.

9회 말 2아웃

9회 말 2아웃,
운명의 숫자들이
전광판 위에서 숨을 멈춘다

그러나,
나는 아직 여기 서 있다

배트 끝에 모인 땀방울,
관중석의 숨소리까지
모두 시간이 된다

투수가 던지는 공,
그 한 순간이
내 인생의 마지막일 수도 있다

그래도 괜찮다
나는 아직, 여기 서 있다

한 번의 스윙,
그 짧은 휘둘림 속에
모든 것이 바뀔 수 있다

희망은 언제나
마지막 공을 기다린다

인생의 마지막 순간까지, 희망은 언제나 한 타석 남아 있습니다.

꿋꿋하게

사람에게 상처받아도
다시 일어서라

말 한마디에 흔들려도
숨 고르며 중심을 찾아라

차가운 말이 스치고
싸늘한 시선이 닿아도
비는 비밉새 불비아 힌내

들꽃은 눈길 없이도
그저 피어나고,
바람이 거세어도
뿌리는 더 깊이 내린다

상처는 받아들이고
마음은 다독이며,
누가 너를 몰라도

너만은 너를 믿어 주라

오늘도 내일도

네가 네 편이 되어

든든하게 걸어가라

상처는 우리를 무너뜨리지 않습니다. 결국 그것이 단단함의 다른 이름입니다.

그래도 하루를 살아간다

오늘도,
작은 꿈 하나 품고
새벽을 여는 사람들이 있다

퇴근길,
화분에 물을 주는 젊은이의 얼굴에
내일의 꽃이 피어나고,

밤시집 앞,
아이를 위해 일하는 어머니의 손끝에
작은 별이 반짝인다

늦은 밤,
딸의 책상 위에 우유 한 잔을 올려두는
아버지의 마음에도
포근한 사랑이 흐른다

세상은 무겁지만,

우리는 서로를 바라보며
하루를 견딘다

때로는 울고,
때로는 웃으며
희망의 씨앗을 심는다

삶은 거창하지 않아도 됩니다. 오늘을 버텨 낸 우리 모두가 아름답습니다.

건강의 소중함

아프고 나서야 알게 되지
건강이 얼마나 귀한지를

아침 햇살 속 한 모금의 숨,
저녁 별빛 아래의 가벼운 걸음
그 모든 것이 축복이었다

몸이 불편해지고서야
비로소 깨닫는다.
평범한 날들의 가치,
당연했던 행복의 의미를

아프지 않다는 것,
그 자체가 선물임을
우리는 자주 잊는다

건강할 때 건강을 지키는 지혜,
그것이야말로

삶이 주는 가장 빛나는 보물이다

아프고 나서야 깨닫지만, 지금의 숨 하나가 이미 축복입니다.

매일의 다짐

아침에 눈을 뜨면
창을 두드리는
햇살이 인사한다

오늘도,
한 걸음씩
앞으로 나아가리

때로는 힘들고,
때로는 지치더라도
멈추지 않으리

꽃잎이 피어나듯,
새싹이 돋아나듯,
조금씩 자라가리

달빛 아래 꿈꾸고,
새벽바람을 맞으며

슬픔 끝에 빛이 머문다

나의 길을 찾아가리

소소한 기쁨을
보석처럼 모아
오늘을 반짝이리

저녁이 오면,
감사의 빛으로 마음을 덮고
하루를 온전히 마무리하리

하루를 성실히 사는 것이 곧 기도입니다. 감사로 끝맺는 하루가 가장 고귀합
니다.

길

하늘을 보며 걷는 길 위에서
작은 희망 하나를 만났다

돌멩이 하나, 풀잎 하나에도
미소가 피어오르고

저 멀리 구름 사이로 번지는 햇살처럼
내일은 더 밝을 것이라 믿었다

혼자라 여겼던 길 위에서
따뜻한 눈빛들을 마주하며
문득 깨달았다

길은 언제나
우리를 앞으로 이끌어 주고,

그 여정 속에는
작은 행복들이 함께한다는 것을

길은 언제나 우리를 앞으로 이끕니다. 함께 걸을 때, 그 길은 빛이 됩니다.

꿈에 본 수능

또다시 찾아온 꿈속의 교실
책상 위엔 두터운
모의고사 문제지

내일이 수능인데
마음은 묘하게 무거웠다

낯선 문제를 마주한 채
시간에 쫓기듯 답안을 써 내려가다,
익숙한 알람 소리에 눈을 뜬다

"일어나야지."
그러나 아침 공기는
아직 꿈의 잔향으로 젖어 있다

정말 그 시절로 돌아간들
더 잘할 수 있을까

슬픔 끝에 빛이 머문다

아니, 어쩌면 지금 이 순간

눈앞의 하루를 성실히 풀어내는 것이

가장 현명한 답일지도 모른다

과거를 돌아보는 일은 미련이 아니라 배움입니다. 지금의 내가 그 답입니다.

늙지 않는 건, 눈빛

깊어진 얼굴에도,
하얗게 변한 머리칼에도
세월은 흔적을 남기지만,

눈빛만은 늙지 않는다.

첫사랑을 마주하던 날처럼,
봄날의 꽃을 보던 때처럼,

팔십의 눈빛에도
청춘의 반짝임이 스며 있고,
아흔의 눈동자에도
첫눈의 설렘이 머물러 있다

주름 사이로 더욱 또렷해지는 빛,
그것은 우리가 살아온
이야기의 보석이다

그래서 오늘도

당신의 눈빛 속에서

영원한 청춘을 본다

몸은 늙어도 마음의 눈빛만은 영원히 젊습니다. 그것이 인간의 아름다움입니다.

자식들이 가장 오래 볼 사진

언젠가 내가 떠난 뒤,
그들이 기억할 내 모습은
이 사진 한 장일 것이다

무거운 표정 대신
햇살 같은 웃음으로
남겨 두고 싶다

곁에 없어도
그 미소만은
마음에 머물도록

내 사진을 보며
누군가 울지 않기를
그저 살며시 웃어 주기를

삶이 그러하듯
마지막 모습도

빛으로 남고 싶다

시간이 흘러도
그 웃음이
아이들 마음의 위로로 남기를

남겨지는 사진 한 장에도 사랑이 있습니다. 웃음으로 기억되길 바랍니다.

삶의 미로

나는 인생의 미로를 걷는 여행자
사방을 둘러봐도 길은 보이지 않는다
그래도 한 걸음씩, 천천히 나아간다

아, 직진만이 답이 아니었구나
때로는 돌아서야
비로소 새로운 길이 열린다

막다른 골목에서
뜻밖의 문이 생기고,
실수라 믿었던 발자국이
오히려 이정표가 되어 준다

오늘도 미로 속을 걷는다
헤매며 배우고,
넘어지며 자란다

언젠가 이 길의 끝에서

슬픔 끝에 빛이 머문다

나는 미소 지으리라

그 길 위에서,

나는 나를 찾아가고 있었음을

길을 잃을 때마다 배우는 것이 인생입니다. 헤매는 것조차 성장의 또 다른 이름입니다.

길을 잃어야 길을 찾는다

가끔은 길을 잃어야 한다.
익숙한 길만 걷는다면
새로운 꽃을 만날 수 없으니

헤매는 발걸음 속에서
더 많은 풍경을 담게 되고
넘어진 자리마다
의지가 자란다

계획 없는 여정에서
비로소 나만의 별을 찾고,
길을 잃은 숲속에서
맑은 샘물을 만난다

길을 찾는 일보다
길을 잃을 용기가 먼저이니
그 방황 속에서
진짜 내가 자란다

슬픔 끝에 빛이 머문다

그래서,

길을 잃어야

비로소 길을 찾는다

헤매는 순간이야말로 성장의 시간입니다. 인생의 진짜 길은 그 속에 있습니다.

끝과 또 다른 시작 사이에서

한여름의 뜨거운 햇살 아래 걸어가던 길에서 문득 가로수를 바라보았습니다. 뿌리 깊이 박힌 채 묵묵히 서 있는 나무들이 '이 혹독한 더위를 어떻게 견디고 있을까, 무엇을 희망 삼아 저렇게 서 있을까' 하는 생각이 들었습니다. 그 순간, 나무들처럼 자리를 지키며 살아가는 우리 모두의 삶을 떠올렸고, 그 생각이 제 첫 시가 되었습니다.

저는 세상에 이름을 알린 시인도, 정식 등단한 친 문학인도 아닙니다. 다만 살아가며 마주한 순간의 진실을 있는 그대로 글로 옮기려 애쓴 평범한 사람일 뿐입니다. 이 시들을 쓰는 동안 많은 시간을 겪으며, 삶이란 결국 이 모든 순간의 합이라는 것을 배웠습니다.

때로는 길을 잃었고, 때로는 슬픔에 주저앉았습니다. 사랑하는 이들을 떠나보내며 가슴 아파했고, 홀로라는 생각에 외로워했습니다. 그러나 그 모든 어둠 속에서도 늘 작은 빛을 발견했습니다.

가로수가 뿌리를 내리듯, 우리도 우리의 자리에서 고요히 견디며 살아갑니다. 혹독한 여름을 견디는 나무가 가을에 아름다운 단풍으로 보답하듯, 우리의 슬픔도 언젠가는 아름다운 무언가로 피어날 것입니다.

이 책의 마지막 장을 덮는 지금, 당신의 마음에는 어떤 빛이 머물고 있을까요. 제 시가 지친 하루의 끝에서 잠시 쉬어갈 수 있는 그늘, 조용히 등을 두드려 주는 바람이 되었기를 바랍니다. 그리고 이 책을 덮은 뒤에도 이 한 문장이 당신의 마음속에 오래 남기를 소망합니다.

"슬픔 끝에는 반드시 빛이 머문다."

오늘도 담담히 자리를 지키며 살아가는 모든 분께, 깊은 존경과 응원을 보냅니다. 당신은 혼자가 아닙니다. 우리는 모두 같은 하늘 아래, 각자의 자리에서 함께 서 있습니다.

이 시집과 함께해 주셔서 감사합니다.

언젠가 다시 만날 그날까지, 안녕히 계십시오.